AF370983

ARREST
DE LA COUR
DU PARLEMENT,

*QUI prive THOMAS ARTUR DE LALLY
de ses Etats, Honneurs & Dignités; & le condamne à avoir
la Tête tranchée en Place de Greve, pour avoir trahi les
intérêts du Roi, de son Etat, & de la Compagnie des
Indes, & pour abus d'autorité, exactions & vexations.*

EXTRAIT DES REGISTRES DU PARLEMENT.

Du six Mai 1766.

U par la Cour, la Grand'Chambre assemblée, le
Procès criminel commencé par le Prévôt de Paris,
ou son Lieutenant Criminel au Châtelet, à la
requête du Substitut du Procureur Général du
Roi, en vertu de l'Arrêt de la Cour du 6 Juillet 1763, continué, fait & parfait en la Cour, en vertu des Lettres Patentes

A

du Roi des 12 Janvier & 1er Avril 1764, regiftrées en la Cour les 19 Janvier & 7 Avril audit an 1764, à la requête du Procureur Général du Roi, Demandeur & Accufateur, contre Thomas Artur de Lally, Lieutenant Général des Armées du Roi, Grand-Croix de l'Ordre Royal & Militaire de S. Louis, ci-devant Colonel d'un Régiment Irlandois de fon nom, Commiffaire du Roi & Commandant en Chef dans l'Inde ; Armand-Antoine-François Fretard de Gadeville, ci-devant Maréchal des Logis de l'Armée du Roi dans l'Inde ; Jacques Hugues de Chaponay, ci-devant Capitaine au Régiment de Lally ; Jacques Pouly, ci-devant Prévôt de l'Armée du Roi dans l'Inde ; Luc Alen, ci-devant Major de l'Armée du Roi dans l'Inde ; Guillaume Meagher, Médecin, ci-devant Chirurgien à l'Armée dudit de Lally dans l'Inde ; Jean - Ferdinand Rochette, ci - devant Secretaire dudit de Lally ; Charles Foffier, cidevant Valet - de - Chambre - Perruquier dudit de Lally ; Jean Defchaux, Cuifinier ; Jofeph-François de Ferre, Lieutenant au Régiment de l'Inde, défendeurs & accufés, prifonniers ès Prifons de la Conciergerie du Palais ; & encore contre Anne-Antoine d'Aché, Lieutenant Général des Armées navales du Roi, Commandeur de l'Ordre Royal & Militaire de Saint Louis ; Jean Georges, Vicomte de Fumel ; Auguftin-Antoine Derard de Chamboy, & Charles-François de Bazin, auffi défendeurs & accufés ; & encore contre l'Abbé Noronha, le Frere Freinch, Jacques-Philippe Hurpy, Jofeph-Louis-Denis Jacquelot, le nommé Ramalinga, Noir, & deux Quidams, Lieutenans au Régiment de Lorraine, auffi accufés, abfens & contumax : L'Arrêt de la Cour dudit jour 6 Juillet 1763, par lequel il auroit été donné afte au Procureur Général du Roi de fa plainte faits y énoncés contre ledit de Lally, fes complices,

fauteurs & adhérens, ladite plainte auroit été renvoyée parde-
vant le Lieutenant Criminel dudit Châtelet, & auroit été or-
donné qu'expédition des sept pieces y mentionnées faisant
partie de la cote 63 du Procès-verbal de description fait le 18
Juin 1763, par Me Joseph-Marie Terray, Conseiller en la
Cour, des effets trouvés dans une chambre de l'Hôtel de la
Compagnie des Indes en cette Ville, occupée par le P. de La-
vaur, ci-devant soi-disant Jésuite, & déposés au Greffe de la
Cour, seroit portée au Greffe Criminel dudit Châtelet, ladite
Requête de plainte du Procureur Général du Roi visée audit
Arrêt ; la Requête présentée par le Substitut du Procureur
Général du Roi au Châtelet de Paris, au Lieutenant Criminel
dudit Châtelet, tendante, entr'autres choses, à ce qu'en exécu-
tion dudit Arrêt, il fût informé des faits mentionnés audit Arrêt,
& en la Requête du Procureur Général du Roi, sur laquelle ledit
Arrêt avoit été rendu, circonstances & dépendances ; l'Ordonnance dudit Lieutenant Criminel du Châtelet du 20 Juillet 1763,
portant permission de faire informer desdits faits ; l'information
faite en conséquence par ledit Lieutenant Criminel le premier
Août 1763, & jours suivans, composée de six témoins ; les
Lettres Patentes du 12 Janvier 1764, par lesquelles la
connoissance de tous les délits commis dans les Indes Orientales,
relativement à l'administration & au commerce de la Compagnie des Indes, soit avant, soit depuis l'envoi des Troupes sous
la conduite dudit de Lally, auroit été renvoyée en la Cour,
la Grand'Chambre assemblée, pour lesdits délits y être instruits, &
le Procès y être fait & parfait aux auteurs d'iceux, leurs complices
& adhérents, suivant la rigueur des Ordonnances ; ayant Sa Majesté par lesd. Lettres, & en tant que de besoin, validé les plaintes
& procédures qui pourroient avoir été encommencées à l'occa-

sion desdits délits, en quelques Tribunaux que ce soit, & icelles renvoyées en la Cour, la Grand'Chambre assemblée ; en conséquence ordonné que toutes lesdites plaintes & procédures, ensemble tous les mémoires, registres & autres piéces servant à conviction, seroient portés au Greffe Criminel de la Cour ; & néanmoins que pour établir encore d'avantage la sûreté des prisonniers & le secret qu'exige une instruction de cette importance, les prisonniers qui étoient alors détenus au Château Royal de la Bastille, & ceux qui pourroient dans la suite y être conduits pour raison de ladite instruction, continueroient d'y être détenus, sauf à les transférer dans les prisons de la Conciergerie du Palais, toutes les fois qu'il seroit nécessaire, pour l'instruction & le Jugement du Procès, le tout suivant qu'il avoit été déja pratiqué en de semblables occasions, lesdites Lettres signées LOUIS ; & plus bas, *par le Roi*, BERTIN, scellées du grand Sceau de cire jaune, & enregistrées en la Cour le 19 dudit mois de Janvier 1764 : La signification faite de l'Arrêt d'enregistrement desdites Lettres au Greffier Criminel du Châtelet, avec sommation faite audit Greffier par Exploit de Griveau, Huissier de la Cour, le 31 Janvier 1764, d'envoyer au Greffe Criminel de la Cour, les procédures & autres pieces mentionnées auxdites Lettres & Arrêt sous les peines y portées : autres Lettres Patentes du premier Avril 1764, signées LOUIS, & plus bas, par le Roi, BERTIN ; & scellées du grand sceau de cire jaune, registrées en la Cour le 7 dudit mois, par lesquelles Sa Majesté auroit ordonné que ses précédentes Lettres Patentes du 12 Janvier 1764, seroient exécutées selon leur forme & teneur, & que le Procès encommencé par le Lieutenant Criminel du Châtelet, pour raisons des faits énoncés auxdites Lettres, seroit continué, instruit, fait & parfait, & jugé, tant contre ledit de Lally , que contre tous fes complices , fauteurs & adhérens , fuivant les derniers erremens , par la Cour, la Grand'Chambre affemblée, à la requête du Procureur Général du Roi , validant en tant que de befoin , toutes les procédures encommencées au Châtelet, en exécution de l'Arrêt du 6 Juillet 1763 , à la charge par ladite Grand'Chambre affemblée de ftatuer fur lefdites procédures en la forme portée par les Ordonnances : La Requête du Procureur général du Roi du 9 Avril 1764 , contenant plainte des faits y énoncés , & à ce qu'il lui fût permis d'en faire informer par devant tel Confeiller qu'il plairoit à la Cour nommer, pour , l'information faite & à lui communiquée, être par lui pris telles conclufions que de raifon : L'Arrêt de la Cour dudit jour 9 Avril 1764 , par lequel il auroit été donné acte au Procureur Général du Roi de la plainte par lui rendue des faits contenus en la Requête dudit jour , vifée audit Arrêt , il lui auroit été permis d'en informer pardevant Me Denis-Louis Pafquier , Confeiller , pour , ladite information faite , communiquée au Procureur Général du Roi , & vue par la Cour, être ordonné ce que de raifon : Conclufions du Procureur Général du Roi , à fin de Decrets : Autre Arrêt de la Cour du même jour 9 Avril 1764 , par lequel il auroit été ordonné que lefdits de Lally , de Gadeville , Poully , de Chaponnay, le Frere Freinch, Dominicain Irlandois, Meagher, Ramalinga , de Ferre , & deux Quidams , Lieutenans du Régiment de Lorraine , feroient pris & appréhendés au corps pour être conduits prifonniers , fuivant & aux termes des Lettres Patentes du 12 Janvier 1764 , enregiftrées en la Cour le 19 dudit mois ; que les nommés Bafin & de Chamboy, Aydes-de-Camp dudit de Lally , feroient ajournés à comparoir en perfonnes , & le Vicomte de Fumel , ci-devant Ayde-Major

Général en Chef des Troupes du Roi & de la Compagnie des Indes , seroient assignés pour être tous ouis & interrogés par devant ledit Me Pasquier , Conseiller-Rapporteur , sur les faits résultans des charges & informations , & autres sur lesquels le Procureur Général du Roi voudroit les faire entendre , & où lesdits de Lally, Poully, Chaponnay, Gadeville, Alen, le Frere Freinch , Meagher , Ramalinga , & les deux Quidams Lieutenans au Régiment de Lorraine , ne pourroient être pris & appréhendés , après perquisitions faites de leurs personnes , seroient assignés à quinzaine , leurs biens saisis & annotés , & à iceux Commissaires établis , jusqu'à ce qu'ils ayent obéi suivant l'Ordonnance , pour, les interrogatoires faits , communiqués au Procureur Général du Roi , & vus par la Cour , être ordonné ce que de raison : L'information faite pardevant ledit Conseiller-Rapporteur , le 30 Avril 1764 , & jours suivans , en exécution de l'Arrêt de la Cour du neuf dudit mois , ladite information composée de trois témoins : Autre Arrêt de la Cour dudit jour 9 Avril 1764 , par lequel il auroit été permis audit Me Pasquier , Conseiller-Rapporteur , de se transporter en la maison du sieur de Leyrit , ci-devant Gouverneur de Pondichery , à l'effet de l'entendre en déposition , & si besoin étoit , d'être récolé sur ladite déposition pardevant Me Pierre-Jacques de Bretigneres , aussi Conseiller en la Cour : Autre Arrêt de la Cour , du 12 Mai 1764 , rendu sur la Requête du Procureur Général du Roi visée audit Arrêt , par lequel il auroit été ordonné , que pardevant le Conseiller-Rapporteur , qui à cet effet se transporteroit partout où besoin seroit , & en présence de l'un des Substituts du Procureur Général du Roi , & encore en celle de chacun des accusés séparément , les scellés ou cachets apposés sur les coffres , caisses , armoires , valises , secrétaires, caſſettes, cartons, malles ou porte-feuilles deſdits accuſés, décretés de priſe de corps, ou ceux qui par la ſuite pourroient être décretés également, ſeroient reconnus par ceux qui les avoient ou auroient appoſés, à la premiere ſomma-tion qui leur en ſeroit faite ; & à faute de ce faire, que leſdits ſcellés ou cachets ſeroient levés & briſés par ledit Conſeiller-Rapporteur, & ouverture faite deſdits coffres, caiſſes, armoi-res, valiſes, ſecrétaires, caſſettes, cartons, malles ou porte-feuilles, par le premier Serrurier ou autres perſonnes ſur ce re-quis ; & iceux retirés, que pardevant ledit Conſeiller, en pré-ſence de l'un des Subſtituts du Procureur Général du Roi & de l'Accuſé, Procès-verbal & inventaire ſommaire ſeroient dreſ-ſés des pieces, papiers ou effets qui ſe trouveroient ſous leſdits ſcellés, & leſdites pieces, papiers ou effets, à fur & à meſure dudit Procés-verbal, & à chaque vacation d'icelui, remis avec les autres pieces, papiers ou effets, non encore inventoriés, dans les coffres, caiſſes, armoires, valiſes, ſecrétaires, caſſet-tes, cartons, malles ou porte-feuilles, ou autres qu'il appar-tiendra, qui ſeroient ficelés & cachetés à chaque vacation, du cachet dudit Conſeiller, & à la derniere vacation, leſdites pieces, papiers ou effets remis entre les mains du Greffier de la Cour, pour des pieces qui pourroient ſervir à conviction, être fait des liaſſes, leſquelles pieces cotées & paraphées ſe-roient remiſes au Greffier, pour être par lui dépoſées au Greffe criminel de la Cour, & ſervir à l'inſtruction du Procés ce que de raiſon, & le ſurplus être remis à qui il appartiendroit : Les Procès-verbaux faits par ledit Conſeiller-Rapporteur, en exé-cution dudit Arrêt, les 22 Mai, 1er. & 25 Juin 1764, de la levée ordonnée par ledit Arrêt des ſcellés appoſés ſur les effets deſdits Accuſés : Autre Arrêt de la Cour dudit jour douze

Mai 1764 , rendu fur la Requête du Procureur Général du Roi ,
vifée audit Arrêt , par lequel ledit Confeiller-Rapporteur , enfemble le Confeiller commis pour faire les récollemens & confrontations ont été autorifés à fe tranfporter au Château de la
Baftille , en l'une des chambres du Gouvernement , à l'effet d'y
faire fubir interrogatoire aux Accufés qui y étoient détenus , &
de procéder aux autres inftructions qui paroîtroient néceffaires,
en exécution de l'Arrêt de la Cour du 9 Avril 1764 , & de tous
autres Arrêts qui pourroient intervenir dans le cours de l'inftruc-
tion dudit Procès : Les Procès-verbaux de levée des fcellés des
15 , 22 Mai & 1er Juin 1764 , faits en exécution dudit Arrêt ;
les interrogatoires fubis en exécution dudit Arrêt de la Cour
du 9 Avril 1764 , par les de Lally , de Ferre , Meagher ,
Poully , Alen , de Fumel , Chaponnay , de Gadeville , Bazin
& Chamboy , les 22 , 24 & 30 Mai 1764 , 1er & 5 Juin audit
an : Les pieces repréfentées lors defdits interrogatoires , celles
trouvées fous les fcellés du fieur de Leyrit , celles dépofées au
Greffe criminel de la Cour par le Secrétaire général de la Compagnie des Indes , celles dépofées par le Procureur Général du
Roi , & celles trouvées fous les fcellés defdits Accufés : La Requête du Procureur Général du Roi du 6 Juin 1764 , contenant
plainte par addition des faits contenus en ladite Requête , circonftances & dépendances , à ce qu'il lui fût permis d'en faire
informer pardevant le Confeiller-Rapporteur , pour , ladite information faite & communiquée à lui Procureur Général du Roi ,
être par lui pris telles conclufions que de raifon : L'Arrêt de la
Cour dudit jour 6 Juin 1764 , par lequel il auroit été donné acte
au Procureur Général du Roi de fa plainte , des faits portés en
fa Requête vifée audit Arrêt ; il lui auroit été permis de faire informer , par addition , defdits faits , circonftances & dépendances ,

tes , dans lefquelles informations pourroient être entendus les témoins , qui l'avoient déja été dans les informations faites tant au Châtelet qu'en la Cour , pour, ladite information faite , communiquée au Procureur Général du Roi , & vûe par la Cour, être ordonné ce que de raifon : La continuation d'information faite en exécution dudit Arrêt , pardevant le Confeiller-Rapporteur, le 26 Juin 1764 & jours fuivans , ladite continuation d'information compofée de trente-fix Témoins : Autre Arrêt de la Cour dudit jour 6 Juin 1764 , par lequel il auroit été ordonné que les Accufés feroient de nouveau interrogés , & que l'Abbé Noronha, ci-devant Francifcain Portugais , & le nommé Rochette , Secrétaire dudit de Lally , feroient pris au corps & conduits prifonniers, fuivant & aux termes des Lettres Patentes du 12 Janvier 1764 , enregiftrées en la Cour le 19 dudit mois , pour être ouis & interrogés pardevant le Confeiller-Rapporteur, fur les faits réfultans des charges & informations ; & où lefdits Noronha & Rochette ne pourroient être pris & appréhendés , après perquifitions faites de leurs perfonnes , affignes à quinzaine , leurs biens faifis & annotés , & à iceux Commiffaires établis ; auroit été en outre ordonné , que l'information faite en la Cour le trente Avril mil fept cent foixante-quatre & jours fuivans , en exécution de l'Arrêt de la Cour du 9 defdits mois & an feroit continuée , & que les témoins ouis dans ladite information , & ceux qui pourroient être entendus de nouveau , enfemble les témoins entendus pardevant le Lieutenant Criminel du Châtelet , feroient récollés en leurs dépofitions , & fi befoin étoit, confrontés aux Accufés , & lefdits Accufés , & ceux qui pourroient l'être par la fuite , récollés en leurs interrogatoires , & fi befoin étoit , confrontés les uns aux autres pardevant ledit Me de Bretigne-

B

res , Conseiller , pour , ce fait , communiqué au Procureur Général du Roi , & vû par la Cour , être ordonné ce que de raison ; par lequel Arrêt ledit de Lally auroit été débouté de la demande par lui formée lors de son interrogatoire du 22 Mai 1764 :
L'interrogatoire subi, en exécution dudit Arrêt , par Jean-Ferdinand Rochette , pardevant le Conseiller-Rapporteur , le 25
Juin 1764 : Les interrogatoires subis , en exécution dudit Arrêt ,
pardevant le Conseiller - Rapporteur , par lesdits de Lally ,
Chaponnay, Alen , Poully , de Ferre, de Gadeville, Meagher,
de Bazin , de Chamboy & de Fumel , les 14 Juin, 4, 12, 15, 19 &
29 Juillet, & 12 Août 1765 : Les Procès-verbaux de recollemens
des Témoins entendus dans les informations faites tant pardevant le Lieutenant Criminel du Châtelet , qu'en la Cour pardevant le Conseiller-Rapporteur , & de la confrontation faite
desdits Témoins auxdits de Lally , de Gadeville, Poully ,
de Ferre , Chaponnay , Meagher , Alen & Rochette , les 27
Juillet, 11 , 13, 23, 24, 25 & 28 Août 1764 ; ensemble le
Procès-verbal de recollement desdits Accusés en leurs interrogatoires du 17 Mai 1765, & jours suivans , & de la confrontation d'Accusés sur leurs interrogatoires du 29 Juillet 1765 , &
jours suivans ; d'autre confrontation d'Accusés sur leurs interrogatoires du 29 Août, audit an 1765 ; le tout fait pardevant ledit
M°. de Bretigneres , Conseiller , en exécution dudit Arrêt de
la Cour du 6 Juin 1764 : La Requête du Procureur Général du
Roi du 6 Juin 1764, tendante à ce qu'il fût ordonné que pardevant le Conseiller-Rapporteur , & en présence de l'un des
Substituts du Procureur Général du Roi , les Piéces écrites en
Langue Angloise , trouvées sous les scellés apposés sur les papiers dudit de Lally & autres Accusés, lors de la levée d'iceux,
seroient traduites en François par tel Interprête qu'il plairoit à la

Cour , lequel, à cet effet , prêteroit ſerment devant ledit Conſeiller , en préſence de l'un des Subſtituts du Procureur Général
du Roi , pour , ladite traduction faite , ſervir à l'Inſtruction &
Jugement dudit Procès ce que de raiſon : L'Arrêt de la Cour
rendu ſur ladite Requête & en conformité d'icelle , ledit jour
6 Juin 1764 , & par lequel Jean-Baptiſte Decolins a été nommé
Interprête pour faire ladite traduction : Le Procès-verbal dudit
M^e Paſquier , Conſeiller , fait à l'occaſion de ladite traduction le vingt-huit Mars mil ſept cent ſoixante-cinq , en exécution dudit Arrêt : Autre Arrêt de la Cour du 7 Septembre
1764 , par lequel il auroit été ordonné que ledit Guillaume
Meagher ſeroit élargi & mis en liberté , à la charge par lui de
ſe réintégrer dans les Priſons toutes fois & quantes par la Cour
ſeroit ordonné : Autre Arrêt de la Cour du 23 Janvier 1765 ,
par lequel il auroit été ordonné que Jacques-Philippe Hurpy
& Joſeph-Louis-Denis Jacquelot , ci-devant Gardes dudit
de Lally , ſeroient pris au corps & conduits priſonniers , ſuivant
& aux termes des Lettres-Patentes du 12 Janvier 1764 , enre-
giſtrées en la Cour le 19 dudit mois , & le Comte d'Aché , Chef
d'Eſcadre , aſſigné , pour être tous ouis & interrogés pardevant
le Conſeiller-Rapporteur , ſur les faits réſultans des informations
& autres ſur leſquels le Procureur Général du Roi voudroit les
faire entendre ; & où leſdits Hurpy & Jacquelot ne pourroient
être pris & appréhendés , après perquiſitions de leurs perſonnes ,
aſſignés à quinzaine , leurs biens ſaiſis & annotés , & à iceux Com-
miſſaires établis , juſqu'à ce qu'ils aient obéi ſuivant l'Ordonnance ; auroit été ordonné en outre , que l'information du 26
Juin 1764 & jours ſuivans , ſeroit continuée , à l'effet de quoi
le Conſeiller-Rapporteur auroit été autoriſé à ſe tranſporter en
la maiſon du Chevalier de Rhuis , pour l'entendre en dépoſition ,

& ledit Me de Bretigneres, de fe tranfporter dans ladite maifon, pour procéder au recollement de ce Témoin fur fa dépofition, & à fa confrontation aux Accufés, s'il en étoit befoin ; pourquoi lefdits Accufés auffi, s'il en étoit befoin, feroient conduits, fous bonne & fûre garde , en la maifon dudit Chevalier de Rhuis : La feconde continuation d'information faite par le Confeiller-Rapporteur , en exécution dudit Arrêt, le 24 Janvier 1765 , ladite continuation d'information compofée de vingt Témoins, du nombre defquels eft le Chevalier de Rhuis : L'interrogatoire fubi auffi en exécution dudit Arrêt, pardevant le Confeiller-Rapporteur, le quinze Janvier mil fept cens foixante-cinq & jours fuivans, par ledit Anne-Antoine d'Aché : L'Arrêt de la Cour du onze Mai mil fept cens foixante-cinq, par lequel il auroit été ordonné que les nommés Foffier , Valet-de-Chambre-Perruquier dudit de Lally , & Defchaux, Maître-d'Hôtel dudit de Lally , feroient pris & appréhendés au corps, & conduits prifonniers fuivant & aux termes des Lettres-Patentes du 12 Janvier 1764, enregiftrées en la Cour le 19 defd. mois & an , led. Arrêt rendu fur les Conclufions du Procureur-Général du Roi : Les Interrogatoires fubis par-devant le Confeiller Rapporteur , en exécution dud. Arrêt, le 14 dud. mois de May 1765. par lefd. Foffier & Defchaux : L'Arrêt de la Cour du 23 May 1765 , par lequel il auroit été ordonné que lefd. Foffier & Defchaux feroient mis en liberté , à la charge par eux de fe repréfenter en état d'affigné pour être oüis , toutes fois & quantes par la Cour feroit ordonné, faifant à cet effet leurs foumiffions , & élifant domiciles : Autre Arrêt de la Cour, du 4 Juillet 1765 , rendu fur la requête du Procureur-Général du Roi , vifée audit Arrêt, par lequel il auroit été ordonné que ledit Comte d'Aché feroit de nouveau oui & interrogé pardevant le Confeiller - Rapporteur : L'Interrogatoire fubi par ledit Comte d'Aché, en exécution dud. Arrêt, pardevant le Confeiller Rapporteur le 17 Juillet 1765 : Autre Arrêt de la Cour du 5 dudit mois de Juillet 1765 , rendu fur la requête du Procureur-Général du Roi vifée audit Arrêt, par lequel il auroit été ordonné que l'imprimé du Manifefte en langue Angloife feroit traduit en Françoife, par ledit Jean-Baptifte-Gilles de Colins, Interprète du Roi : Le Procès-verbal fait par le Confeiller Rapporteur, le 9 dud. mois de Juillet 1765 , en exécution dud. Arrêt, à l'occafion de la traduction de lad. Piéce , ledit Procès-verbal fait en préfence de l'un des Subftituts du Procureur Général du Roi: Autre Arrêt de la Cour du 9 Août 1765 , par lequel il auroit été ordonné que led. Jean-Ferdinand Rochette feroit élargi & mis en liberté , à la charge par lui de fe repréfenter en état d'ajournement perfonnel, toutes fois & quantes par la Cour feroit ordonné: Autres Arrêts du 9 Août 1765 , par lefquels lefdits de Lally , Gadeville , Chaponnay , Poully & Alen, auroient été déboutés de leurs demandes à fin de Confeil, & auroit joint leurs demandes à fin de liberté au Procès , pour, en jugeant, y avoir tel égard que de raifon: Les Procès-verbaux de perquifition faits par Griveau , Huiffier de la Cour, des perfonnes de le Comte , Moracin , de Lafelle , & des nommés Michelart & fa femme , à l'effet de leur donner Affignation ; fçavoir, audit le Comte, pour être confronté audit de Lally & autres accufés ,, auxdits Moracin & Lafelle , pour être confrontés à Bazin , auxdits Michelart & fa femme , pour être confrontés à Foffier & Defchaux pardevant Me de Bretignieres , Confeiller ; lefdits Procès-verbaux faits par exploits des 30 May , 22 & 27 Juillet mil fept cent foixante-cinq, & huit Avril 1766 : L'Affignation donnée par Griveau , Huiffier de la Cour , le deux Juin

1764, au Frere Freinch, Dominicain Irlandois, au nommé Ramalinga, & aux deux Quidams, Lieutenans au Régiment de
Lorraine, à comparoir a quinzaine ; & pour ce faire, fe mettre
en état dans le Château-Royal de la Baftille , conformément
aux Lettres-Patentes du 12 Janvier 1764, regiftrées en la Cour
le 19 dud. mois, pour être ouis & interrogés pardevant le Confeiller Rapporteur , en exécution de l'Arrêt de la Cour du 9 Avril
aud. an 1764, avec déclaration que faute par eux de ce faire ,
leur procès leur feroit fait & parfait par Contumax , fuivant la
rigueur des Ordonnances : Le défaut obtenu par le Proc. Gén. du
Roi, au Greffe Criminel des préfentations de la Cour le 10 Juin
1765, pour le profit duquel auroit été ordonné que le F. Freinch,
Ramalinga & lefdits deux Quidams, Lieutenans au Régiment de Lorraine, accufés, feroient affignés par un feul cri
public, à la huitaine : L'affignation donnée auxdits Freinch,
Ramalinga, & auxdits deux Quidams, Lieutenans au Régiment de Lorraine, le 19 Juin 1765, à fon de trompe & à cri
public dans les places & carrefours de cette Ville, à comparoir
à la huitaine, & fe mettre en état audit Château, à l'effet de fubir interrogatoire pardevant le Confeiller-Rapporteur. en exécution dudit Arrêt de la Cour du 9 Avril 17.. . . ... défaut
obtenu au Greffe Criminel des Préfentations de la Cour par le
Procureur Général du Roi, le 3 Septembre 1765, fur ladite
affignation du dix-neuf Juin précédent, contre lefdits Freinch,
Ramalinga, & deux Quidams, Lieutenans au Régiment de
Lorraine : L'affignation à quinzaine donnée à l'Abbé Noronha,
par exploit de Griveau, Huiffier de la Cour, le 29 Août 1764,
en exécution de l'Arrêt de la Cour du 6 Juin précédent, à l'effet
par lui de fe mettre en état au Château Royal de la Baftille, conformément aux Lettres Patentes du 12 Janvier 1764 : Le défaut

obtenu par le Procureur Général, au Greffe Criminel des Préfentations de la Cour, le 28 Juin 1765, contre ledit Abbé Noronha, pour le profit duquel défaut, auroit été ordonné que ledit Abbé Noronha feroit réaffigné à la huitaine par un feul cri public : L'affignation à la huitaine donnée audit Abbé Noronha, à fon de trompe & cri public, dans les places & carrefours de cette Ville, à comparoir à la huitaine, & fe mettre en état audit Château, à l'effet de fubir interrogatoire pardevant le Confeiller-Rapporteur, en exécution dudit Arrêt de la Cour du 6 Juin 1764 ; le défaut obtenu par le Procureur Général du Roi, au Greffe Criminel des préfentations de la Cour, le 3 Sept. 1765, fur ladite affignation du 6 Juillet 1765, contre ledit Abbé Noronha : Autre affignation à quinzaine, donnée par Griveau, Huiffier de la Cour, le 17 Avril 1765, aux nommés Jacques-Philippe Hurpy, & Jofeph-Louis-Denis Jacquelot ; à l'effet par eux de fe mettre en état au Château Royal de la Baftille, conformément aux Lettres-Patentes du 12 Janvier 1764, régiftrées en la Cour le 19 defdits mois & an, pour fubir interrogatoire pardevant le Confeiller-Rapporteur, en exécution de l'Arrêt de la Cour, du 23 Janvier 1765 : Le défaut obtenu par le Procureur-Général du Roi, au Greffe Criminel des préfentations de la Cour, le 24 Juillet 1765, contre lefdits Jacques-Philippe Hurpy, & Jofeph-Louis-Denys Jacquelot, pour le profit duquel défaut auroit été ordonné que lefdits Hurpy & Jacquelot feroient réaffignés par un feul cri public à la huitaine : L'affignation à la huitaine, donnée auxdits Jacques-Philippe Hurpy, & Jofeph-Louis-Denis Jacquelot, à fon de trompe & cri public dans les Places & Carrefours de cette Ville, à l'effet de fe mettre dans huitaine en état audit Château de la Baftille, pour fubir interrogatoire pardevant le Confeiller-Rapporteur, en exécution dudit Arrêt de la Cour, du 23 Janvier 1765 ; ladite aſſignation en date du 31 Juillet 1765 : défaut obtenu par le Procureur Général du Roi, au Greffe Criminel des préſentations de la Cour, le 3 Septembre 1765, ſur ladite aſſignation du trois Juillet mil ſept cent ſoixante - cinq : L'Arrêt de la Cour du 30 Avril 1766, par lequel la contumace contre le F. Freinch, le nommé Ramalinga, l'Abbé Noronha, & leſdits Jacques-Philippe Hurpy & Joſeph-Louis-Denis Jacquelot, auroit été déclarée bien & valablement inſtruite ; & avant d'en adjuger le profit, auroit été ordonné que les récollemens vaudroient confrontation contr'eux, & que ladite contumace ſeroit jointe au procès: Autre Arrêt de la Cour du 19 Mars 1766, par lequel en voyant le Procès, il auroit été ordonné que dans le délai & ſous les peines y portées, leſdits Guillaume Meagher, Jean-Ferdinand Rochette, Charles Foſſier & Jean Deſchaux, ſeroient tenus de ſe mettre en état ès priſons de la Conciergerie du Palais, & que leſdits Anne - Antoine d'Aché, Jean-Georges, Vicomte de Fumel, Auguſtin-Antoine Derard de Chamboy, & Charles-François de Bazin, ſeroient tenus de ſe rendre aux pieds de la Cour pour le Jugement dudit Procès: La ſignification faite par exploit de Griveau, Huiſſier de la Cour, auxdits Meagher, Rochette, Foſſier & Deſchaux, le 2 Avril 1766, de l'Arrêt de la Cour du 19 Mars précédent, avec ſommation de ſe mettre en état ès priſons de la Conciergerie du Palais dans le délai porté audit Arrêt: Autres ſignifications faites auſſi par exploit de Griveau, Huiſſier de la Cour, des 5 & 12 Avril 1766, du même Arrêt de la Cour du dix-neuf Mars précédent, auxdits de Chamboy, de Bazin, de Fumel & d'Aché, avec ſommation de ſatisfaire de leur part audit Arrêt de la Cour: Les Actes mis au Greffe Criminel de la Cour par

leſdits

lefdits de Bazin, de Chamboy, de Fumel, affifté de leurs Procureurs, les 28 Août 1765, 14 & 19 Avril 1766, portant foumiffions de leur part de fe rendre aux pieds de la Cour, pour le Jugement dudit Procès, à toutes les fommations qui leur en feroient faites, ayant, pour cet effet, fait élection de domicile en la maifon de leurs Procureurs y défignés : La fommation faite par exploit dudit Griveau, le 19 Avril 1766, aufdits de Fumel, Bazin & Chamboy, aux domiciles par eux élus par leurs actes de foumiffions, à l'effet par eux de fe rendre aux pieds de la Cour dans le tems y porté, pour le jugement dudit Procès, avec déclaration, que faute par eux de ce faire, il y feroit procédé & paffé outre, tant en leur abfence que préfence : La Requête donnée en la Cour par Jean-Baptifte Berthelin, ci-devant Négociant à Pondichery, contenant demande à ce que ledit Comte de Lally fût condamné en 150000 livres de dommages & intérêts envers ledit Berthelin, par forme de réparation civile, réfultant de la calomnieufe & téméraire accufation qu'il lui a fufcitée, & des outrages qu'il a exercés contre lui, ainfi que des pertes & dommages qu'il lui a caufés, fauf audit Berthelin à fe pourvoir pardevant qui & ainfi qu'il appartiendra, pour fe faire reftituer les vingt mille roupies dont eft queftion en ladite Requête, au bas de laquelle eft l'Ordonnance de la Cour, par laquelle il auroit été réfervé à y faire droit en jugeant : La Requête dudit Anne-Antoine d'Aché du 29 Avril 1766, à ce qu'il lui fût donné acte de ce que, pour moyen d'atténuation contre les plaintes & accufaions contre lui formées, à la requête du Procureur Général du Roi, il employoit le contenu en fon Mémoire imprimé, figné de lui & de Desjobert, fon Procureur, ainfi que les Piéces qui y font énoncées, enfemble celles énoncées en ladite Requête, qui contient en outre demande à ce qu'il fût renvoyé de lad. accufation; que l'Arrêt à intervenir feroit imprimé & affiché aux frais de qui il plairoit à la Cour ordonner, fous la réferve expreffe par lui faite de fe pourvoir par toutes voies de droit, pour raifon de toutes délations & dénonciations témérairement faites au Procureur Général & à tous autres, contre lui Comte d'Aché, au bas de laquelle Requête eft l'Ordonnance de la Cour, par laquelle il auroit été réfervé à y être fait droit en jugeant: La Requête de Luc Alen, ci-devant Major du Régiment de Lally, & Aide-Major Général de l'expédition de l'Inde, contenant demande à ce qu'il fût ordonné que les dépofitions des Témoins feroient nulles & comme non faites, qu'il feroit élargi fans délai, & que fes délateurs lui feroient dénoncés pour les prendre à partie, & pourfuivre contre eux telles réparations, dommages & intérêts que de droit; au bas de laquelle Requête eft l'Ordonnance de la Cour, par laquelle il auroit été réfervé à y être fait droit en jugeant : La Requête de Thomas Artur, Comte de Lally, Lieutenant Général des Armées du Roi, Grand'Croix de l'Ordre Royal & Militaire de Saint Louis, à ce qu'il lui fût donné acte de ce que pour moyen d'atténuation au Procès criminel contre lui intenté, à la requête du Procureur Général du Roi, il employoit & produifoit les Pieces & Mémoires énoncés en ladite Requête, pour, lefdits Mémoires & Pieces rapportés & lus en la Cour, & les preuves littérales en réfultantes, comparées avec les prétendues preuves locales qui pourroient être induites des charges & informations ; en conféquence il fût déchargé de l'accufation contre lui intentée de concuffion, malverfations, déprédations, hautes trahifons, & autres faits quelconques ; même de l'accufation d'abus d'autorité en toutes autres parties que celles concernant le militaire, dont la connoiſſance, circonſtances & dépendances n'appartiennent qu'à un Conſeil de guerre que ledit de Lally n'a ceſſé & ne ceſſeroit jamais de réclamer , & pardevant lequel il ſupplioit la Cour de le renvoyer ; il fût ordonné que l'écrou dudit de Lally ſeroit rayé de tous régiſtres où il ſe trouveroit inſcrit, à ce faire tous Greffiers & Geoliers contraints par les voies qu'ils y ſont tenus , quoi faiſant déchargés ; il lui fût permis de faire imprimer & afficher l'Arrêt par-tout où beſoin ſeroit, ſauf à lui à ſe pourvoir contre tous dénonciateurs & délateurs , ainſi qu'il aviſeroit , & par toutes voies de droit ; & où la Cour ne ſe trouveroit pas ſuffiſamment inſtruite, audit cas faiſant droit ſur ſa demande à fin de communication de pieces , il fût ordonné que toutes les pieces apportées au Greffe de la Cour , autres que celles repréſentées audit de Lally , lors des interrogatoires & confrontations , lui ſoient communiquées ſous le récepiſſé de ſon Procureur , ou même par la voie du Greffe, & ſans déplacer, pour être, après ladite communication, dit, écrit par ledit de Lally pour ſa décharge tout ce qu'il aviſeroit , & par la Cour ſtatué ce qu'il appartiendroit, le tout ſous la réſerve expreſſe des moyens de fait & de droit dudit de Lally , même de donner telle autre plus ample requête d'atténuation qu'il aviſeroit ; au bas de laquelle requête eſt l'Ordonance de la Cour, par laquelle il auroit été réſervé à y être fait droit en jugeant & la ſignification deſdites requête & ordonnance : Autre requête dudit Comte d'Aché du 5 Mai 1766, contenant demande à ce qu'il fût ordonné que les faits calomnieux & termes injurieux répandus dans les différens Mémoires dudit Comte de Lally contre lui d'Aché , ſeront rayés & biffés par le Greffier de la Cour, qui en dreſſera procès-verbal aux frais dudit de Lally, il fût permis audit Comte d'Aché de faire imprimer & afficher l'Arrêt partout où befoin feroit, en tel nombre d'exemplaires qu'il plairoit à la Cour, comme auffi de faire imprimer, fi bon lui fembloit à la fin dudit Arrêt un extrait dudit procès-verbal de radiation; que ledit de Lally fût condamné aux dépens, même aux frais de l'impreffion des Réponfes que lui d'Aché s'eft vû dans la néceffité de faire pour prouver lefdits faits calomnieux & termes injurieux répandus dans les différens Mémoires dudit Comte de Lally; au bas de laquelle requête, qui contient en outre production des piéces y énoncées, eft l'Ordonnance de la Cour, par laquelle il auroit été réfervé à y être fait droit en jugeant, & la fignification defdites requête & ordonnance, les piéces jointes & énoncées en la requête dudit de Lally, & aux deux requêtes dudit Comte d'Aché, aux inductions qui en ont été tirées: Les conclufions définitives du Procureur Général du Roi fur ledit Procès. Ouis & interrogés en la Cour ledit Thomas Artur de Lally, Jofeph-François de Ferre, Anne-Antoine d'Aché, Armand-Antonin François Fretard de Gadeville, Jacques Hugues de Chaponnay, Jacques Poully, Luc Alen, Guillaume Meagher, Jean-Ferdinand Rochette, Jean Defchaux, Charles Foffier, fur les cas à eux impofés & faits réfultans du Procès : oui le rapport de Me Denis-Louis Fafquier, Confeiller : Tout confidéré ;

LA COUR, la Grand'Chambre affemblée, avant faire droit fur l'accufation intentée contre Jofeph-François de Ferre, ordonne qu'il fe retirera par devers le Roi pour fe pourvoir de Lettres de rémiffion ; fans s'arréter aux Requêtes & demandes dudit de Lally, dont il eft débouté, ni aux reproches par lui fournis contre les témoins, lefquels font déclarés non pertinens.

& inadmiſſibles , déclare ledit Thomas Artur de Lally dûe‑ment atteint & convaincu d'avoir trahi les intérêts du Roi, de ſon Etat , & de la Compagnie des Indes , d'abus d'autorité , vexations & exactions envers les Sujets du Roi & Etrangers habitans de Pondichery ; pour réparation de quoi , & autres cas réſultans du procès, l'a privé de ſes états, honneurs & dignités , l'a condamné & condamne à avoir la tête tranchée par l'Exé‑cuteur de la Haute-Juſtice , ſur un échaffaut qui pour cet effet ſera dreſſé en la place de Greve ; déclare tous ſes biens acquis & confiſqués au Roi, ſur iceux préalablement pris la ſomme de dix mille livres d'amende applicable au pain des priſonniers de la Conciergerie du Palais , & trois cent mille livres applicables aux pauvres Habitans de Pondichery, ainſi qu'il en ſera ordon‑né par le Roi : ſurſeoit à faire droit ſur les plaintes & accu‑ſations intentées contre Armand Antonin , François Fretard de Gadeville , Jacques - Hugues de Chaponnay & Jacques Poully , juſqu'après l'exécution dudit Thomas Artur de Lally ; ſur l'accuſation intentée contre ledit Luc Alen , a mis & met les Parties hors de Cour ; renvoye ledit Anne-Antoine d'Aché de l'accuſation contre lui intentée ; ordonne que les termes injurieux audit d'Aché , répandus dans les Mémoires dudit de Lally , feront rayés & biffés comme injurieux & calom‑nieux ; que de ladite radiation procès-verbal ſera dreſſé par le Greffier de la Cour , en préſence du Conſeiller - Rapporteur , dont expédition ſera délivrée audit d'Aché aux frais dudit de Lally ; condamne ledit de Lally aux dépens envers ledit d'A‑ché ; renvoye pareillement Jean-Georges , Vicomte de Fumel , Auguſtin-Antoine Derard de Chamboy , Charles-François de Bazin , Jean-Ferdinand Rochette , Guillaume Meagher , Jean Deſchaux & Charles Foſſier des accuſations contr'eux inten‑

tées ; ordonne que lesdits Rochette, Meagher, Deschaux & Fossier feront élargis & mis hors des prisons où ils sont détenus, & que leurs écrous feront rayés & biffés de tous Regiftres où ils font infcrits, à ce faire tous Greffiers & Geolliers contraints, même par corps, quoi faifant, déchargés ; avant faire droit fur l'accufation intentée contre l'Abbé Noronha, le Frere Freinch, Ramalinga, les deux Quidams Lieutenants au Régiment de Lorraine, les nommés Hurpy & Jacquelot dont la contumace a été déclarée bien inftruite par l'Arrêt du 30 Avril 1766, ordonne qu'à la requête du Procureur Général du Roi, & pardevant le Confeiller-Rapporteur, il fera plus amplement informé contr'eux, pendant un an, des faits mentionnés au Procès, circonftances & dépendances, pour, l'information faite, communiquée au Procureur Général du Roi, & vue par la Cour, la Grand'Chambre affemblée, être ordonné ce qu'il appartiendra ; fur la demande dudit Berthelin en dommages & intérêts contre ledit de Lally, a mis & met les Parties hors de Cour, fauf audit Berthelin à fe pourvoir pour la reftitution des vingt mille roupies par lui payées, & dont eft queftion, contre qui & ainfi qu'il avifera bon être ; ordonne que tous les Mémoires dudit de Lally, joints à fa Requête d'atténuation, feront fupprimés comme contenant des faits faux & calomnieux. Ordonne en outre que le préfent Arrêt fera imprimé, publié & affiché par-tout où befoin fera, & que copies d'icelui feront envoyées dans les Colonies. Fait en Parlement, la Grand'Chambre affemblée, le fix Mai mil fept cent foixante-fix. Collationné, P R O T.

Signé, R I C H A R D.

A PARIS, chez P. G. SIMON, Imprimeur du Parlement, rue de la Harpe, à l'Hercule, 1766.

www.ingramcontent.com/pod-product-compliance
Lightning Source LLC
LaVergne TN
LVHW020641180726
843502LV00006B/2171